CATALOGUE

DES

ESTAMPES

ANCIENNES & MODERNES

PARMI LESQUELLES UN TRÈS-BEL ŒUVRE DE CHARLES MERYON

DESSINS

ET

TABLEAUX

Composant la Collection de feu M. J. Niel

Bibliothécaire du Ministère de l'Intérieur.

DONT LA VENTE AURA LIEU

HOTEL DROUOT, SALLE N° 2,

Au premier étage.

Les Mardi 18 et Mercredi 19 Mars 1873

A DEUX HEURES PRÉCISES

Me **DELBERGUE-CORMONT**, Commissaire-Priseur,
rue de Provence, 8,
M. **CLÉMENT**, Marchand d'Estampes de la Bibliothèque Nationale,
rue des Saints-Pères, 3.

EXPOSITION PUBLIQUE : *Le Lundi 17 Mars 1873.*

DE UNE HEURE A CINQ HEURES

PARIS — 1873

CONDITIONS DE LA VENTE.

Elle sera faite au comptant.

Les adjudicataires payeront *cinq pour cent* en sus des enchères.

ORDRE DES VACATIONS :

Le   Mardi 18 Mars .... Nᵒˢ 30 à 189
Le Mercredi 19   —   .... Nᵒˢ 190 à la fin.
      —   à 4 heures : Dessins et
               Tableaux......... Nᵒˢ   1 à 30.

Paris.— Imp. de Pillet fils aîné, rue des Grands-Augustins, 5.

Il était d'usage autrefois de placer à la première page du
catalogue d'une vente d'œuvres d'art une courte notice
sur l'amateur qui avait pris la peine de réunir ces richesses.
Gersaint se conformait volontiers à cette heureuse coutume,
et Pierre Rémy n'y manquait guère. On avait ainsi, avec l'in-
ventaire de la collection, un petit portrait du collectionneur,
et lorsque le hasard des enchères dispersait les trésors d'un
cabinet fameux, il restait au moins un souvenir de l'homme
d'esprit qui l'avait formé.

Le catalogue auquel ces lignes doivent servir de préface,
est celui d'une collection modeste qui n'a été connue que de
quelques amis et dont nous ne prétendons pas exagérer l'im-
portance. Les amateurs en jugeront. Mais le curieux qui avait
collectionné ces dessins et ces gravures était si sincèrement
épris des choses de l'art et de la pensée, il a été si étroitement
mêlé au mouvement qui a remis en honneur le nom et les
œuvres de nos artistes oubliés, qu'on nous permettra de faire
revivre à son profit l'ancien usage, et de rappeler, dans un
bout de notice, les services qu'il a rendus, les qualités qui
l'ont fait aimer.

Jules Niel, né le 1ᵉʳ avril 1800 à Saint-Paul-Trois-Châteaux,
commença par étudier la médecine. Ce n'était pas qu'il pro-
fessât pour cet art une foi bien robuste, mais son père était
médecin, sa famille désirait vivement le voir embrasser la
même carrière, et, résolu à ne pas contrarier son entourage,
il suivit la voie qu'on lui traçait. Son esprit d'observation lui
aurait permis d'y réussir : reçu docteur en 1820, il n'oublia
jamais ses premières études; mais, étant venu peu après à
Paris, il se laissa séduire par d'autres travaux et il aban-
donna la médecine. Le 1ᵉʳ décembre 1824 il entra en qualité
de rédacteur au bureau du commerce et des colonies, et
en 1829, il passa avec le titre de sous-chef au ministère de l'intérieur. Dans l'histoire administrative de la France, ce temps
nous apparaît comme une sorte d'âge d'or. Les ministères
étaient hospitaliers aux gens de lettres ou même aux rêveurs;
le bruit de la bataille romantique y éveillait un écho, et tout
en rédigeant un rapport sur une question d'affaire, on s'a-
musait à ébaucher un proverbe ou à ciseler un sonnet.

Jules Niel n'était pas un homme de combat; mais il entra
d'emblée dans le mouvement historique par son goût pour les
vieux livres et les manuscrits. Lié avec Charles Nodier,
qui était alors le commandant des bibliophiles, il forma, dès
cette époque, une première collection composée surtout de

volumes sur peau de vélin et d'incunables ; toutefois il ne lui fut pas possible de la conserver longtemps. L'heure était bonne d'ailleurs pour les recherches de cette sorte : on pouvait, sans se ruiner, acquérir de véritables trésors, et Niel ne fut pas moins heureux dans ses trouvailles que son contemporain Sauvageot qui, de son côté, réunissait les éléments d'un musée, avec le produit de sa retraite de musicien à l'Opéra et ses appointements de commis à l'administration des douanes.

On ne sait trop pourquoi Jules Niel renonça, après la révolution de 1830, à la tranquillité de sa vie de bureaucrate et à ses amitiés parisiennes. Il se laissa nommer sous-préfet ; l'*Almanach royal* nous le montre successivement à Poligny, à Ploermel, à Bernay. Près de neuf années se passèrent ainsi. Le 1ᵉʳ septembre 1839, il rentra au ministère de l'intérieur, où il devint bientôt chef du bureau de la voirie urbaine (1841). Pour un homme d'un si vif esprit, cette fonction n'était peut-être pas des plus récréatives, mais il l'égayait par de fines causeries, et il se savait utile. Il l'était en effet. En qualité d'archéologue, il a sauvé de la destruction plus d'un monument du moyen âge, plus d'une ruine vénérable que, dans leur culte pour la ligne droite, les autorités locales et les agents-voyers proposaient naïvement de démolir pour livrer passage à un chemin irréprochable, à une rue correctement ennuyeuse.

Le 1ᵉʳ juillet 1848, Jules Niel échangea son titre de chef de bureau contre celui de bibliothécaire du ministère. Dans cette situation, qui était celle qu'Alfred de Musset avait si vaguement occupée, il rendit de véritables services. Il réorganisa la bibliothèque : bien qu'il ne pût disposer chaque année que d'un crédit dérisoire, il enrichit par des acquisitions heureuses un fonds déjà si riche, non-seulement en ouvrages administratifs, mais en livres d'histoire et d'art. C'est alors, son office de bibliothécaire lui laissant un peu plus de loisir, que Niel prit la plume et qu'il écrivit les notices de ces deux beaux volumes in-folio, les *Portraits des personnages français du* XVIᵉ *siècle*. On connaît ce livre précieux par l'image comme par le texte. Si, parmi les biographies dont il se compose, il en est quelques-unes qui sont moins bien venues que les autres, c'est qu'elles ne sont pas de Niel, mais d'un collaborateur, jeune alors, qu'il essayait de former et qui n'a pas toujours compris ses leçons. Et pourtant combien ses leçons étaient excellentes ! Mieux que personne, en ce temps-ci, Jules Niel connaissait le XVIᵉ siècle. Il le savait dans sa grande histoire, dans ses déchirements et ses luttes tragiques ; mais il le savait aussi par le menu, dans le détail curieux de ses mœurs, de ses élégances, de ses fêtes et de ses costumes.

Ce qu'il avait étudié surtout, en cette période historique qui commence à Louis XII et finit avec Henri IV, c'était l'iconographie : les physionomies des rois, des princesses, des gens de cour, lui étaient connues non-seulement par les statues, les médailles, les tableaux, mais encore par ces portraits aux crayons de couleur, dont le témoignage avait été négligé jusqu'alors et qui, sous la main délicate des Clouet et de leurs successeurs, fournissent de si précieuses informations pour l'histoire et pour l'art. Niel ici fut un véritable précurseur et il appela l'attention des curieux sur un chapitre ignoré des annales de l'école française. Un troisième volume, qui n'a point paru, devait se clore par une dissertation sur les *crayons* du XVIe siècle. Il faut regretter qu'une pareille œuvre n'ait pas été achevée.

Cette constante préoccupation du passé n'éteignait en aucune façon chez Jules Niel le sentiment profond de l'art moderne et vivant. Il se souvenait d'avoir été jeune en 1827, et il le resta toujours. Nul ne s'intéressa plus que lui aux éclatantes audaces de Delacroix, nul ne fut plus touché par la poésie de nos paysagistes. Il assista avec joie à la renaissance de la gravure à l'eau-forte, et si le pauvre Méryon était encore des nôtres, il pourrait dire combien Niel l'a aidé, combien il l'a soutenu dans ses découragements, et quel puissant secours il lui a prêté pour la publication et pour la vente, si difficile hélas ! de ses *Vues du vieux Paris*.

Si Jules Niel aimait avec passion les productions de l'art, il en aimait aussi l'histoire. Lorsque MM. de Chennevières et de Montaiglon créèrent en 1850 les *Archives de l'Art français*, Niel, qui était toujours à l'affût des curiosités inédites, devint l'un des pourvoyeurs habituels du précieux recueil. Il trouvait le document ; mais, quoiqu'il l'eût pu faire aussi bien que personne, il ne se chargeait pas de le commenter : il laissait volontiers ce soin à quelque plume, sinon mieux taillée que la sienne, du moins plus courageuse. Car, il faut bien le dire, Niel avait une qualité qui manque à beaucoup d'entre nous, la paresse. Il était de ces gens de lettres qui n'écrivent pas. Les volumes ou les articles qu'il lui aurait été si facile de faire, il les parlait. Il a dépensé ainsi des trésors d'érudition et d'esprit dans de libres causeries dont son accent méridional avivait la finesse et le pétillement. Il discourait de préférence sur ce XVIe siècle dont il paraissait avoir connu tous les personnages, ou sur ces merveilles de l'art qui, pendant une longue vie, fut son étude quotidienne. Il avait bien vu l'Italie : l'un des premiers, il s'était laissé toucher par les délicatesses de la peinture renaissante, je veux dire par les œuvres de cette école, naïve encore mais déjà si forte, qui sous le pinceau des Masaccio et des Botticelli, prépara les prodiges du siècle suivant. Il parlait avec enthousiasme des Mantegna de Padoue, et, après avoir expliqué savamment l'austère grandeur des fresques du vieux maître à la chapelle des *Eremitani*, il allait acheter un dessin de Fragonard ou une eau-forte de Saint-Aubin. Et en effet l'art n'était pas pour lui la petite église où n'entrent que les purs, mais un monde immense et toujours ouvert où il reste, à côté des créations sublimes, une place pour les élégances et pour les fêtes de l'esprit.

Ainsi guidé par le libéralisme de son goût et la variété de ses études, Jules Niel ne pouvait manquer de s'intéresser au XVIIIe siècle. Ici encore, il devança la mode et prépara le retour de faveur dont jouissent aujourd'hui les maîtres de l'art frivole. Il savait bien d'ailleurs la chronique du temps, et ayant retrouvé à Avignon le manuscrit des *Mémoires* du marquis de Calvières sur la jeunesse de Louis XV, il eut la pensée de le publier et il commença à l'annoter, ajoutant ainsi au texte un commentaire qui en augmentait l'intérêt. Ce travail, dont l'histoire aurait fait son profit, n'a malheureusement pas été imprimé.

Les évènements de ces dernières années troublèrent cruellement la sérénité de la vie de Jules Niel. Il n'est pas besoin de dire ce que furent, pour un homme qui aimait tant les manuscrits et les livres, des calamités comme l'incendie de la bibliothèque de Strasbourg et celui des archives de l'Hôtel de Ville de Paris. Il s'étonnait d'avoir pu survivre à ces désastres, mais il n'en sentit pas longtemps l'amertume. Sa pension de retraite ayant été liquidée en 1871, il s'était épris d'une passion de plus en plus vive pour les dessins et pour les gravures; il caressait le projet d'aller vivre, avec ses chers trésors, dans quelque ville lointaine et silencieuse, lorsque, brusquement saisi par le mal, il mourut à Paris le 28 juin 1872.

Cette vie, passée dans le travail et dans la contemplation des meilleures œuvres de l'intelligence humaine, cette vie, simple et sage, a fait peu de bruit. Elle ne donne point matière à une biographie. Jules Niel aimait tant le silence de sa bibliothèque et de sa maison, il s'enfermait si volontiers dans le cercle intime des vieilles amitiés et des causeries qu'on n'imprime pas! S'il vivait encore, il verrait peut-être avec peine qu'on lui a consacré deux ou trois pages. Et cependant, au moment où tout s'oublie si vite et où les meilleurs eux-mêmes sont si peu sûrs d'un lendemain, nous avons cru qu'un souvenir était dû à l'homme excellent dont l'histoire ne parlera point, mais qui, par la sûreté de son goût, la vivacité ingénieuse de son esprit, l'inépuisable abondance de ses leçons, a été, pour quelques-uns des artistes et des curieux de ce temps, le plus cher, le plus vénéré des maîtres.

PAUL MANTZ.

DÉSIGNATION

TABLEAUX

1 — TRIPTYQUE FRANÇAIS DE LA FIN DU XV° SIÈCLE,
représentant, dans le fond, l'Annonciation ; sur le volet
de gauche le prince *Jean de La Tour d'Auvergne, comte
d'Auvergne et de Bologne*, à genoux sur un prie-
Dieu ; derrière lui, un saint Jean-Baptiste. Sur le volet
du côté droit, la princesse *Jeanne de Bourbon Ven-
dôme*, sa femme, également à genoux sur un prie-
Dieu ; derrière elle, un saint Jean l'Évangéliste. Sur
les volets, en dehors, on lit l'inscription rapportée ci-
dessous :

Ce tableau, peint pour le plus tôt l'an M CCCC XCIV, et pour
le plus tard l'an MDI, fut donné par les Pères cordeliers de
Vic-le-Comte, le 27 juillet 1703, à Son Altesse Eminentissime
Monseigneur Emmanuel Théodose de La Tour d'Auvergne,
cardinal de Bouillon, doyen du Sacré-Collége, grand aumônier de France, etc. Lequel tableau peint sur le bois fermant
à volet, représentant dans le fond l'Annonciation, et dans la

voûte, au-dessus de la corniche d'un édifice d'une belle archi-
tecture, sont peints deux anges, celui à droite tenant l'écusson
des armes du mary et celui à gauche tenant l'écusson des
armes de la femme; et sur le volet du côté droit, représentant
le prince Jean de La Tour d'Auvergne, comte d'Auvergne et de
Bologne, peint au naturel, à genoux sur son prie-Dieu où sont
peintes ses armes, et offert à Dieu par un saint Jean-Baptiste;
et sur le volet du côté gauche représentant la princesse sa
femme, Jeanne de Bourbon-Vendôme, femme en premières
noces du prince Jean de Bourbon, duc de Bourbonnois et
d'Auvergne, connétable de France, laquelle princesse est aussi
peinte au naturel, à genoux sur un prie-Dieu où sont peintes
ses armes, et offerte pareillement à Dieu par un saint Jean
l'Evangéliste, était le tableau que cette princesse, enterrée
dans l'église des cordeliers de Vic-le-Comte, fondez et bâtis
par le père et la mère de son second mary, avait à son prie-
Dieu.

Ce tableau a été gravé dans l'histoire de la maison de La
Tour d'Auvergne.

DESSINS

BOUCHER (F.)

2 — Buste de jeune femme.
Aux trois crayons. Encadré.

3 — Saint Jean-Baptiste.
Charmant dessin aux trois crayons, lavé d'aquarelle. Signé.
Encadré.

4 — Femme nue, couchée sur des draperies.
Très-beau dessin aux trois crayons, lavé d'aquarelle, signé
F. Boucher, 1742. Encadré, provient de la collection Sau-
vageot.

5 — Deux Amours.
Très-joli dessin aux trois crayons, signé F. Boucher, 1766.
Encadré.

CALIARI (PAOLO), dit PAUL VÉRONÈSE

6 — Le Repas chez Lévi.
Très-beau dessin à la plume, au bistre et rehaussé de blanc.
Encadré.

DENON (V.)

7 — Son Portrait.
Médaillon rond à la plume, lavé d'aquarelle.

8 — Portrait de M. Talassi, improvisateur ferrarais.
Médaillon rond à la plume, lavé d'aquarelle.

9 — Portrait de Dona Luisa Vecchione.
A la plume, lavé d'aquarelle.

10 — Portrait du sénateur Quirini.
Médaillon rond au crayon noir.

11 — Portrait en buste de Mme Venule.
Au crayon noir, lavé d'aquarelle.

12 — Portrait du marquis Clermont d'Amboise.
Médaillon rond à la plume, lavé d'encre de Chine et d'aquarelle.

13 — Portrait du comte André Kasomoski.
Médaillon rond à la plume, lavé d'encre de Chine et d'aquarelle.

14 — Portrait de M. de Boullongne.
Médaillon rond au crayon noir.

15 — Portrait en buste du comte de Cagliostro.
Au crayon noir, lavé de bistre et d'aquarelle.

16 — Portrait d'homme âgé.
Au crayon noir.

DUMONSTIER

17 — Jeune homme en buste, les cheveux hérissés.
Superbe dessin aux trois crayons. Encadré.

DUMONSTIER (École de)

18 — Portrait de femme, en buste, du commencement du règne de Louis XIII.

> Beau dessin aux trois crayons.

19 — Portrait d'homme âgé, en buste, tourné vers la gauche.

> Au crayon noir.

ÉCOLE FRANÇAISE (XVIII siècle)

20 — Portrait de Marie-Antoinette, n'étant encore que Dauphine, en buste, dans une bordure ovale.

> Dessin aux trois crayons, lavé d'aquarelle.

HUET (J.-B.)

21 — Paysage en hauteur, animé de figures; un berger garde des vaches et des moutons.

> Magnifique dessin à la plume, lavé d'encre de Chine et d'aquarelle. Encadré.

JANET CLOUET (École de)

22 — Portrait d'Éléonore de Clèves, à mi-corps.

> Très-beau dessin aux trois crayons.

23 — Portrait d'une dame de la cour, du temps de Charles IX.

> Beau dessin aux trois crayons.

LÉPICIÉ

24 — Femme assise et études de mains.

> Au crayon noir et blanc. Encadré.

LÉPICIÉ

25 — Jeune garçon assis et jouant aux cartes.

Au crayon noir.

MOREAU (J. M.) le jeune

26 — Portrait en pied de Mlle Guimard.

Magnifique dessin aux trois crayons. Signé et daté. Encadré.

QUESNEL (F.)

27 — Buste d'homme, buste de vieille femme que l'on dit être la mère de Bernard Palissy.

Deux très-jolis dessins aux trois crayons, dans des cadres du xvi° siècle; proviennent de la collection Sauvageot.

28 — Tête de vieille.

Beau dessin aux trois crayons.

ROSSO (H.), dit maître Roux

29 — Le Temps écrivant l'histoire sous la dictée des neuf muses.

Très-beau dessin à la plume, lavé de bistre. Encadré.

WANUS

29 *bis*. — Château dans un jardin.

Très-belle gouache. Encadré.

DÉSIGNATION

DES

ESTAMPES

ANONYME

30 — Armoiries composées de deux têtes de mort et d'un sablier.

Très-belle épreuve.

31 — Voltaire. Le vieux Malade de Ferney, tel qu'on l'a vu en septembre 1777.

Pièce gravée à l'eau-forte. Rare.

BALECHOU (J.-J.)

32 — Sainte Geneviève, patronne de Paris, d'après Carle Vanloo.

Superbe épreuve avant toutes lettres, les armes et le changement fait au jupon. Elle a de la marge.

33 — La même estampe.

Très-belle épreuve, avant les raies sur la lettre et avant que le jupon ait été rallongé.

BASIRE (J.)

34 — Croquis d'après un dessin du Guerchin.

BEAUVARLET (J.-F.)

35 — Portrait de Mme la comtesse du Barry, d'après Drouais.

Superbe épreuve avant la lettre, avec marge.

BEHAM (H.-S.)

36 — Adam et Ève près de l'arbre de vie qui est figuré par la mort, autour de laquelle est enroulé le serpent. (B. 6).

Superbe épreuve.

37 — La femme accompagnée d'un bouffon, 1541 (B. 149).

Très-belle épreuve.

38 — La Mort se saisissant d'une femme nue et debout (B. 159).

Superbe épreuve.

39 — La Mort et les trois sorcières (B. 151).

Très-belle épreuve.

40 — La femme se baignant les pieds (B. 207). Pièce libre.

Superbe épreuve.

41 — Le Bouffon et les deux couples d'amoureux (B. 212).

Magnifique épreuve. Rare.

42 — La femme couchée, vue par le dos (B. 215).

Superbe épreuve du 3e état avant divers travaux dans le ciel.

43 — Vignette au Sphinx, 1544 (B. 226).

Magnifique épreuve. Rare.

BEHAM (H.-S.)

44 — Vignette au Mascaron, 1544 (B. 228).
Magnifique épreuve. Rare.

45 — Le Mascaron, 1543 (B. 231).
Superbe épreuve. Rare.

46 — Adam et Ève, 1529. B. 1 : des pièces faussement
attribuées.
Suivant l'opinion de Bartsch, cette estampe, qu'il considère
comme très-belle, aurait été gravée par un autre maître,
probablement d'après le dessin de Beham.
Très-belle épreuve.

BELLE (ÉTIENNE DE LA)

47 — Vue et perspective du Pont-Neuf de Paris (J. 112).
Très-belle épreuve avant la girouette placée sur le clocher de
Saint-Germain-l'Auxerrois.

BERGHEM (N.)

48 — L'homme monté sur l'âne, ou le retour des champs
(B. 5).
Magnifique épreuve avant les travaux additionnels dans le
ciel. Pièce très-rare en cet état.

BRACQUEMOND

49 — Sarcelles, — la Pie, — le Marchand de mort aux
rats, — le Corbeau blessé.
Quatre pièces gravées à l'eau-forte.

BRIOT (Isaac)

50 — Le Portrait de très-hault, très-puissant, très-excellent prince Henry le Grand, par la grâce de Dieu roi de France et de Navarre, très-chrétien, très-auguste, très-victorieux et incomparable en magnanimité et clémence, qui trespassa en son palais du Louvre, le vendredi 14 may 1610. Au-dessus des chapelles ardentes on lit l'épitaphe du roy, en quatre vers, et en bas, 16 vers, et l'adresse de N. de Mathoriere. Pièce très-rare (R. D. 125).

Magnifique et très-rare épreuve avec la légende, entourée d'une bordure ; du 1er état, avec la date de 1610 en bas de la légende, qui, dans l'état suivant, a été convertie en celle de 1611.

CHARDIN (S.), d'après

51 — La Mère laborieuse, par Lépicié.
Très-belle épreuve avec grandes marges.

52 — Les Tours de cartes, par L. Surugue.
Très-belle épreuve avec grandes marges

CAILLEAU (Chez)

53 — Catalogue des Maistres et Marchands verriers, fayenciers, émailleurs patenostriers de la ville et fauxbourgs de Paris.
Grande pancarte publiée en 1775.

CALLOT (J.)

54 — La grande foire de Florence (1re planche) M. 624.
Très-belle épreuve du 4° état.

CALLOT (J.)

55 — La petite vue de Paris (M. 712).

Magnifique épreuve du 1er état, avant toutes lettres et avant la vue de Paris, dans le fond, avec une petite marge.

56 — Les deux grandes vues de Paris (M. 713, 714). Vue du Pont-Neuf, de la tour et de l'ancienne porte de Nesle. Deux pièces.

Magnifiques épreuves tirées sur papier à la marque de Lorraine, avant l'adresse d'Israël Silvestre, et avant que la marge du bas ait été réduite.

57 — La place de Sienne (3ᵉ planche), M. 1037. Pièce très-rare.

Superbe épreuve.

CANTARINI (SIMON), dit le PÉSARÈSE

58 — Vénus et Adonis (B. 33).

Belle épreuve.

CASA (NICCOLO DELLA)

59 — Henri II, roi de France. Il est représenté debout, jusqu'à mi-cuisse, vêtu d'une cuirasse très-ornementée ; la tête est de profil, dirigée vers la gauche. Il tient de sa main droite appuyée sur son casque le sceptre, et la main gauche repose sur un bouclier. On lit au bas : *Henricus II francor.* | *Rex eta* xxviii. 1547 (R. D. IV, p. 183, n° 5).

Superbe épreuve d'une pièce de la plus grande rareté.

CATHELIN

60 — Marie-Josèphe-Louise, comtesse de Provence, d'après Drouais.

Très-belle épreuve avant toutes lettres, avec marge.

COSSIN

61 — Corneille (Pierre), d'après Sicre. In-folio.

Superbe épreuve avant la lettre. Rare.

DAULLÉ (J.)

62 — Mademoiselle Pelissier, d'après Drouais.

Très-belle épreuve.

DEBUCOURT (P.-L.)

63 — La Promenade publique; l'une des pièces capitales du maître.

Superbe épreuve avec une petite marge.

DEMARTEAU

64 — Jeune femme assise, occupée à lire, d'après Boucher.

Très-jolie pièce aux trois crayons.

65 — Le Lever, d'après Boucher.

Très-jolie pièce à la sanguine.

66 — Vénus couchée sur un lit, l'Amour est à son côté; d'après Boucher.

Jolie pièce à la sanguine.

67 — La Bergère caressée, d'après Boucher.

Très-jolie pièce à plusieurs crayons, de forme ovale.

DEMARTEAU

68 — Enfant traînant une petite fille dans une petite voiture, d'après Boucher.
Très-jolie pièce à plusieurs crayons.

69 — Nymphe surprise par un satyre, — Vénus sur un lit.
Deux pièces d'après Boucher, à plusieurs crayons.

70 — Vénus entourée d'amours. — Les trois Grâces.
Deux très-jolies pièces au crayon rouge, d'après Boucher. Très-belles épreuves.

71 — Jeune femme nue, couchée sur un canapé.
Jolie pièce à la sanguine.

72 — Jeux d'amours et d'enfants, d'après Boucher.
Quatre pièces à la sanguine.

73 — Jeune Garçon faisant voler un oiseau.
Aux trois crayons.

74 — Portrait de Carle Vanloo, d'après lui-même, gravé au crayon rouge. — Femme lisant, d'après Le Prince.
Deux pièces.

DESNOYERS (A. B., baron)

75 — La Vierge aux Rochers, d'après L. de Vinci.
Très-belle épreuve avec le cachet à deux têtes.

DIVERS

76 — Thèses de théologie et de philosophie, quatre pièces. Envahissement de l'Assemblée le 15 mai 1848.
Grande lithographie par F. Bonhommé, en tout cinq pièces.

DIVERS

77 — La Rixe, par Descourtis, — Publication de la Paix, devant l'Hôtel de Ville.

Vues d'optique et autres. Sept pièces.

78 — Scaramouche, — Turenne, — Mme de La Fayette, — Louis XVI, — Voltaire, — Le comte d'Artois, etc.

Seize pièces.

DREVET (Claude)

79 — Portrait de Mme Le Bret de la Briffe, d'après Rigaud.

Belle épreuve.

DREVET (P. J.)

80 — Bossuet (Jacques-Benigne), évêque de Meaux, en pied, d'après Rigaud.

Très-belle épreuve avec six points.

DUPONT (M. Henriquel)

81 — Une Dame et sa fille, d'après Vandyck.

Magnifique épreuve d'artiste, sur papier de Chine ; les noms d'artistes tracés à la pointe.

DURER (Albert)

82 — La face de Jésus-Christ (B. 25).

Magnifique épreuve. Très-rare de cette beauté.

83 — La Vierge donnant le sein à l'enfant Jésus (B. 36).

Superbe épreuve.

DURER (ALBERT)

84 — La Vierge à la Poire (B. 41).
Très-belle épreuve.

85 — L'Enlèvement d'Amymone (B. 71).
Très-belle épreuve avec une petite marge.

DUVET (J.)

86 — Saint Sébastien, saint Antoine et saint Roch (R. D. 20).
Belle épreuve avec marge.

EDELINCK (G.)

87 — Roger de Rabutin, comte de Bussi (R. D. 162).
Très-belle épreuve.

88 — Champagne (Philippe de), d'après lui-même (R. D. 164).
Très-belle épreuve du 1er état.

89 — Louis XIV, buste sur piédouche (R. D. 255).
Très-belle épreuve du 1er état.

FALCK (J.)

90 — Les Forges de Vulcain, d'après Michel-Ange de Caravage.
Superbe épreuve avec marges.

FICQUET (E.)

91 — Vander Meulen, peintre (F. 96).
Superbe épreuve avant toutes lettres.

FORNAZERIS (J. DE)

92 — Louis XI. Titre de livre au haut duquel est son portrait. (R. S., tome X, page 180.)

Très-belle épreuve.

FORTIER

93 — Le Café politique.

Grande pièce coloriée, publiée en l'an XII.

FREUDENBERG (S.)

94 — Le Déjeuner. Jeune femme assise à droite et donnant à manger à un perroquet. Charmante petite pièce. Rare.

Superbe épreuve, avec marges.

GALLE (C.)

95 — Jean de Serre. Petit portrait in-8.

Superbe épreuve.

GAULTIER (L.)

96 — Les remonstrances de messire Jacques de la Guesle, procureur général du roy, dédiées à la royne régente. Titre de livre au haut duquel sont les portraits de Henri IV et de Louis XIII.

Très-belle épreuve.

97 — Amyot (messire Jacques), évêque d'Auxerre.

Très-belle épreuve avec marges.

98 — Fauchet (Claude), 1610. In-4.

Très-belle épreuve.

GOLTZIUS (H.)

99 — Henri IV, coiffé d'un chapeau (B. 174).
Très-belle épreuve avec marges. Rare.

GOYA (F.)

100 — Nain feuilletant un livre, d'après Velasquez.
Très-belle épreuve.

GRAVELOT (d'après)

101 — La Galerie du Palais, gravé par N. Lemire. Très-
jolie pièce.
Superbe épreuve.

GUELARD (J.)

102 — Bolureau, doyen des maistres peintres, marchand
d'estampes et de tableaux, d'après J. J. Spoëde.
Belle épreuve.

GUÉRARD (NICOLAS)

103 — Les embarras de Paris. Le Pont-Neuf vu du côté de
la rue Dauphine, pièce du temps de Louis XIV.
Rare.
Très-belle épreuve.

HÉMERY (A. F.)

104 — Jeune femme à moitié nue, endormie sur un lit,
d'après Deshayes.
Très-belle épreuve avant la lettre, avec marge.

HUBERT

105 — Le comte de Buffon, d'après Bounieu,—J. Delille, par Vangelisty, d'après Pujos.

Deux pièces.

HUMBLOT

106 — Hôtel de Soissons établi pour le commerce du papier, en 1720. — La rue Quinquempoix, en l'année 1720.

Très-belles épreuves.

JACQUEMART (J.)

107 — Salière en bois, — souliers et bottines étendues sur un parquet. Deux pièces gravées à l'eau-forte.

Très-belles épreuves.

JEAURAT (d'après)

108 — La place des Halles, gravé par Aliamet.

Superbe épreuve.

LASNE (Michel)

109 — Le cardinal de Richelieu dans un médaillon ovale, soutenu dans le haut par deux anges, dont l'un tient une ancre. In-fol.

Très-belle épreuve, signée au verso : P. Mariette, 1674.

110 — Richelieu (Armand-Jean Duplessis, cardinal de), posé sur un chevalet et entouré de figures allégoriques.

Très-belle épreuve.

LEU (TH. DE)

111 — Bar (Henri de Lorraine, duc de), marquis du Pont
(R. D. 307).
Superbe épreuve avec marge.

112 — Catherine de Bourbon, duchesse de Bar, sœur uni-
que du roi Henri IV (R. D. 311).
Superbe épreuve du 1er état. Rare.

113 — Biron (Charles de Gontaut, duc de), maréchal de
France (R. D. 307).
Superbe épreuve.

114 — Henri IV, roi de France (R. D. 402).
Très-belle épreuve.

115 — Ranchin (François), docteur et professeur royal en
médecine (R. D. 480).
Superbe épreuve.

116 — Henriette de Balzac d'Entragues, duchesse de Ver-
neuil, maîtresse de Henri IV, charmant petit portrait.
In-8 (R. D. 501).
Superbe épreuve.

MARIESCHI

117 — Vues de Venise. Suite de 21 pièces.
Très-belles épreuves.

MARILHAT

118 — Paysage oriental. Très-jolie pièce gravée à l'eau-
forte.
Superbe épreuve. Très-rare.

MARTINI (P. A.)

119 — Exposition au salon du Louvre, en 1787. Pièce curieuse.

Très-belle épreuve.

MASSON (A.)

120 — Dupuis (Pierre), peintre de fleurs, d'après N. Mignard (R. D. 25).

Très-belle épreuve.

121 — Ormesson (Olivier Le Fèvre d'), conseiller au parlement de Paris et maître des requêtes (R. D. 58).

Très-belle épreuve.

122 — Gui Patin, savant médecin (R. D. 59).

Très-belle épreuve.

123 — Patin (Charles) (R. D. 60).

Très-belle épreuve avec l'inscription en bas, au moyen d'une planche accessoire.

MEISSONIER (J. L. E.)

124 — Le Petit fumeur. Charmante pièce.

Superbe épreuve sur Chine.

MERCURY (P.)

125 — Les Moissonneurs dans les Marais Pontins, d'après L. Robert.

Magnifique et très-rare épreuve avant toutes lettres, seulement le nom de Mercury à la pointe, sur papier de Chine, et avant l'adresse de Chardon, imprimeur. Elle a toute sa marge.

MERYON (Cn.)

126 — Son portrait, gravé à l'eau-forte par Bracquemond. (Cat. de son œuvre publié par M. Ph. Burty. *Gazette des Beaux-Arts*, t. 14 et 15).

> Très-belle épreuve du 1ᵉʳ état, avec quatre vers en bas.

127 — Le même portrait.

> Très-belle épreuve du 2ᵉ état, non décrit; les vers sont supprimés et la planche plus petite.

128 — La Rivière de Seine et le promontoire de Marly, près Paris (9).

> Très-belle épreuve.

129 — Entrée du couvent des capucins français à Athènes (B. 14).

> Superbe et très-rare épreuve du 1ᵉʳ état, eau-forte pure avant le titre, avant t. I, p. 76, qui se lit dans le ciel; avant C. Meryon, sculp., et l'adresse de Pierron-Delâtre, R. Montfaucon.

130 — La Salle des Pas-Perdus, d'après Ducerceau (15).

> Très-rare d'un 1ᵉʳ état, non décrit, avant divers travaux et aussi avant l'inscription dans la marge du bas. Dans cet état, la planche a une marge blanche de 0,035 millim. de chaque côté, qui a été coupé dans le 1ᵉʳ état décrit.

131 — La même pièce.

> Très-rare épreuve du 1ᵉʳ état décrit, avec l'inscription dans la marge du bas et la planche entièrement terminée.

132 — Le Pont-Neuf et la Samaritaine, de dessous la première arche du Pont-au-Change, d'après un dessin de Nicolle (18).

> Superbe et très-rare épreuve, avant toutes lettres.

MERYON (Cn.)

133 — San Francisco (21).

Très-rare épreuve avant toutes lettres, avant le Ciel et grand nombre de travaux dans toutes les parties. Le cartouche du bas est à peine cintré et ne renferme qu'un médaillon, tandis que dans l'état ordinaire, le cintre est très-agrandi et renferme un médaillon de chaque côté.

134 — La même pièce.

Très-belle épreuve avec la lettre et tous les changements indiqués ci-dessus. Sur Chine.

135 — Vue des ruines de Pierrefonds, d'après un dessin de M. Violet-le-Duc (22).

Superbe épreuve, sur papier du Japon.

136 — La même pièce.

Très-belle épreuve sur papier blanc.

137 — Le Pont-au-Change vers 1784, d'après un dessin de Nicolle, tiré du cabinet de M. Destailleur (19).

Très-rare épreuve, avant toute lettre, antérieure au 1er état décrit, en ce qu'elle est avant le ciel et les travaux qui remplissent le vide de l'étau, en bas.

138 — Rue Pirouette, aux Halles, 1860 (23).

Trés-rare épreuve avant le ciel et les travaux produisant l'effet de la lumière, sur Chine (1re épreuve d'essai).

139 — La même pièce.

Très-rare épreuve avec les travaux dans le ciel et l'effet de lumière, mais avant toute lettre. Il manque peu de travaux pour que la planche soit entièrement terminée. Sur Chine.

MERYON (Ch.)

140 — La même pièce.

Très-rare épreuve du 2ᵉ état décrit, avec la lettre et avec les inscriptions sur le mur, différentes du 1ᵉʳ et du 3ᵉ état. Cet état n'a été tiré qu'à 20 exemplaires.

141 — Présentation au roi Louis XI, du Valère Maxime, imprimé à Paris, vers 1475 (24).

Très-rare épreuve, avant le monogramme C. M. à la droite du bas, et avant quelques légers travaux dans les fonds, sur papier du Japon.

142 — La même pièce.

Très-belle épreuve avec le monogramme et les travaux ; au verso est imprimée une épreuve de la Morgue, qui, malheureusement, est coupée du haut. Sur chine.

143 — La même pièce.

Très-belle épreuve sur chine.

144 — Passerelle du Pont-au-Change, après l'incendie de 1621 (26), d'après un ancien dessin de la collection Lagoy et actuellement chez M. Bonnard.

Très-rare épreuve avant les initiales C. M. et le jeune garçon couché à plat ventre sur le tertre à gauche ; elle est aussi avant la bordure dans le haut de la planche. Sur chine.

145 — La même pièce.

Très-rare épreuve du même état que la précédente, mais avec la bordure tracée légèrement dans le haut. Sur chine.

146 — La même pièce.

Très-rare épreuve du 1ᵉʳ état décrit, avec les initiales et le jeune garçon couché ; avec le chicot au sommet de l'arbre, à droite. Sur chine.

MERYON (Ch.)

147 — La même pièce.

Très-belle épreuve, également du 1er état, mais sans le chicot au sommet de l'arbre, à droite, sur chine. Ces quatre épreuves portent le timbre de la collection Lagoy à la droite de l'estampe, qui plus tard a été effacé.

148 — Partie de la cité de Paris, vers la fin du xviiie siècle, sur la rive gauche de la Seine (27).

Très-rare épreuve avant le ciel, les tours Notre-Dame et la fumée sortant des deux grandes cheminées vers la droite. Sur chine.

149 — La même pièce.

Superbe et très-rare épreuve avant le ciel, mais avec les tours Notre-Dame et la fumée sortant des cheminées ; sans aucunes lettres ainsi que la précédente. Sur chine.

150 — La même pièce.

Superbe et rare épreuve avant la lettre et l'inscription sur la tablette au-dessus des pignons, à droite. Sur chine.

151 — La même pièce.

Très-belle épreuve avec la lettre.

152 — Le Grand Châtelet, à Paris, d'après un dessin exécuté vers 1780 (28).

Très-rare épreuve avant les travaux dans le cielet da ns quelques-unes des ombres de la planche, notamment sur l'escalier au milieu du sujet.

153 — La même pièce.

Superbe épreuve du 1er état décrit, avant toutes lettres, mais avec tous les travaux indiqués ci-dessus.

MERYON (Ch.)

154 — Vue de l'ancien Louvre du côté de la Seine (1651), d'après Zeeman, pièce non décrite, publiée par la chalcographie du Louvre.

Très-belle épreuve avant toutes lettres.

155 — La même pièce.

Très-belle épreuve avec la lettre.

156 — Vue du collége Henri IV.

Très-rare épreuve, avec la mer dans le fond et avant le groupe de maisons entre le Collége et le trait carré, avant toute lettre.

157 — La même pièce.

Très-rare épreuve avec la mer effacée et avec le groupe de maisons indiqué ci-dessus, avec l'adresse de l'imprimeur et celle de Rochoux.

158 — La même pièce.

Très-rare épreuve entièrement terminée, avant la lettre et avant l'inscription dans le cartouche au milieu du haut.

159 — La même pièce.

Très-belle épreuve avec la lettre.

160 — Bain-froid Chevrier, dit de l'Ecole.

Superbe épreuve avant toute lettre et avant le monogramme C. M., au milieu du haut.

161 — La même pièce.

Très-belle épreuve avec la lettre.

162 — A. Reinier, dit Zeeman, peintre et eau-fortier. Quarante-deux vers sur une planche haute et étroite. Tiré à quelques exemplaires seulement (30).

MERYON (Ch.)

163 — Ancienne porte du Palais-de-Justice (31).

Très-rare épreuve avant le nom du maître et l'adresse de l'imprimeur. 1er état, avec indication de la main de Meryon.

164 — La même pièce.

Très-belle épreuve avec le nom et l'adresse.

165 — Armes symboliques de la ville de Paris (33).

Très-belle épreuve.

166 — Le Stryge (35).

Très-rare épreuve tirée avant la figure du Stryge et la tour Saint-Jacques.

167 — La même pièce.

Superbe et très-rare épreuve d'un état non cité, par M. Burty ; il est entièrement terminé, avec les initiales C. M. et avant les vers, le nom, la date et le nom d'imprimeur, qui se trouvent dans l'état suivant et que l'on a effacé dans les épreuves ordinaires. Dans cet état, la planche est plus large d'environ 0,005 millim.

168 — La même pièce.

Superbe épreuve avec le nom, la date et l'adresse de l'imprimeur, et, au-dessous, deux vers écrits en caractères gothiques. Cet état est celui que M. Burty indique comme étant le premier, n'ayant pas connu celui décrit ci-dessus.

169 — La même pièce.

Superbe épreuve du même état que la précédente. Sur papier du Japon.

170 — Le Petit-Pont (36).

Superbe épreuve d'un 1er état, non décrit, avant le trait carré en bas, et les initiales C. M. au haut de la droite.

MERYON (Ch.)

171 — **La même pièce.**

Superbe épreuve avant toutes lettres, avec les initiales dans le haut à droite, et avec le trait carré en bas. Cet état est celui décrit comme 1er, par M. Burty.

172 — **L'Arche du pont Notre-Dame (37).**

Très-belle épreuve du 2e état.

173 — **La même pièce.**

Même état que la précédente.

174 — **La Galerie de Notre-Dame. (38).**

Superbe et très-rare épreuve avant la partie du ciel teintée au-dessus des nuages; le corbeau qui vole entre les deux colonnes est presque blanc, antérieur au premier état décrit.

175 — **La même pièce.**

Superbe épreuve du 1er état terminé, avec le nom et l'adresse de l'imprimeur, le titre écrit de la main de Meryon.

176 — **La Rue des Mauvais-Garçons (39).**

Superbe épreuve du 1er état, avant les vers dans le haut. Sur papier du Japon.

177 — **La même pièce.**

Très-belle épreuve avec les vers, avec le titre écrit de la main de Meryon.

178 — **La même pièce. Copie par Laurence.**

179 — **La Tour de l'Horloge (40).**

Superbe et très-rare épreuve d'un 1er état, non décrit, avant les initiales C. M. dans le haut de la droite. Sur chine.

180 — **La même pièce.**

Superbe épreuve du 1er état décrit, avec les initiales C. M. dans le haut à droite, mais avant toute lettre.

MERYON (Ch.)

181 — Tourelle de la rue de Tixeranderie, démolie en 1851 (41).

Superbe épreuve avec les initiales C. M. dans le haut de la droite. C'est le 1er état décrit.

182 — La même pièce.

Très-belle épreuve du même état que la précédente.

183 — Saint-Etienne-du-Mont (42).

Superbe épreuve d'un 1er état, non décrit, avant les initiales C. M. dans le haut de la droite. Sur chine.

184 — La même pièce.

Superbe épreuve avec les initiales C. M. dans le haut de la droite. Cet état est le 1er de M. Burty.

185 — La Pompe Notre-Dame (43).

Superbe et très-rare épreuve, avant toutes lettres. La fumée qui sort des trois cheminées, vers la droite, ne forme pas de nuage comme dans l'épreuve ci-après. Sur papier du Japon.

186 — La même pièce.

Superbe épreuve du 1er état décrit, avec le nom et l'adresse de l'imprimeur écrits en caractères renversés. La fumée sortant des cheminées forme nuage.

187 — Le Pont-Neuf (45).

Très-rare épreuve avant toutes lettres, avant la cheminée de la Monnaie et les maisons de la rue Dauphine qui se voient dans le fond, avant le trait carré du bas.

188 — La même pièce.

Superbe épreuve du 2e état, avec le nom du maître et l'adresse de l'imprimeur; en dessous huit vers qui ont été effacés dans l'état suivant, avec la cheminée de la Monnaie et les maisons dans le fond.

MERYON (Ch.)

189 — La même pièce.

Rare épreuve d'un état intermédiaire entre le 2e et le 3e état décrits, avec la cheminée de la Monnaie. Les vers du bas sont effacés et ne sont pas encore remplacés par le titre du 3e état.

190 — Le Pont-au-Change (46).

Très-rare épreuve avant le ciel, les fonds et le dessous des arches.

191 — La même pièce.

Superbe épreuve avec C. Meryon, del., sculp., M DCCC LIV, à droite, l'adresse de l'imprimeur ; dans les nuages, un ballon portant le mot : *Speranza*.

192 — La même pièce.

Très-belle épreuve, même état que la précédente.

193 — La même pièce.

Très-rare épreuve d'un état non décrit, entre le 2e et le 3e, avec le ballon effacé et remplacé par le croissant de la Lune et des oiseaux de proie. Les nuages changés et dessinés au crayon, ne sont pas gravés ; elle est avant le titre : « Le Pont au Change. »

194 — La même pièce.

Superbe épreuve du même état que la précédente, mais avec le ciel gravé à l'eau-forte, aussi avant le titre. Sur chine.

195 — La même pièce.

Très-belle épreuve du 3e état décrit, avec le monogramme et le titre : « Le Pont au Change. » Sur chine.

MERYON (Ch.)

196 — La Morgue, 1850 (48).

Superbe et très-rare épreuve du 1er état, terminé, avant toutes lettres et avant le trait carré, avec remarque indiquée de la main de Meryon.

197 — La même pièce.

Très-belle épreuve avec l'adresse de l'imprimeur et le nom de Meryon.

198 — L'Abside de Notre-Dame de Paris (50).

Très-rare et superbe épreuve avant le ciel et les bâtiments de l'Hôtel-Dieu.

199 — Le Tombeau de Molière (51).

Très-belle épreuve.

200 — Adresse de Rochoux (52).

Très-belle épreuve.

201 — La même pièce.

Le milieu de la planche essuyé.

202 — Tourelle de la rue de l'Ecole de Médecine (53).

Très-rare épreuve non décrite, avant le ciel et le mot Cabat sur la tourelle, avant les mots *Fiat Lux* sur le livre ouvert que tient la Justice, aussi avant les deux femmes assises sur le devant de la voiture ; le trait carré est à peine indiqué. Sur chine.

203 — La même pièce.

Rare épreuve du même état que la précédente, dont elle ne diffère qu'en ce que les deux femmes qui ne sont pas sur le devant de la voiture, dans l'épreuve ci-dessus, se trouvent dans celle-ci. Sur chine.

MERYON (Ch.)

204 — La même pièce.

Très-rare épreuve avec tous les changements indiqués ci-dessus; le livre n'a pas encore d'inscription, la bordure est terminée, avant toute lettre. Ces trois états ne sont pas décrits. Sur chine.

205 — Rue des Chantres (54).

Superbe épreuve avant toute lettre, sur chine.

206 — La rue de Toiles à Bourges (56).

Superbe épreuve du 1er état avec le nom de Meryon et l'adresse de l'imprimeur; on distingue à gauche un chien fouillant des immondices.

207 — La même pièce.

Très-rare épreuve non décrite, le nom et l'adresse effacés; le chien que l'on voyait dans l'état précédent est supprimé et n'est pas encore remplacé par le groupe de personnages qui est dans l'état suivant.

208 — La même pièce.

Très-belle épreuve sans aucune lettre; à la place du chien, un jeune soldat, en costume du moyen âge, cause avec deux femmes, dont l'une s'appuie sur son épaule.

209 — Ancienne habitation à Bourges (57).

Rare épreuve du 1er état, avant les initiales C. M. dans le terrain à gauche; les dernières maisons de la rue ne sont que vaguement indiquées. Le cuivre est plus grand que dans l'état suivant.

210 — La même pièce.

Très-belle épreuve du 2e état, avant la lettre, avec les initiales C. M. La façade des deux dernières maisons est garnie par un cep de vigne. Sur chine.

MERYON (Ch.)

211 — La même pièce.

Même état que la précédente.

212 — La même pièce.

Très-belle épreuve avant la lettre.

213 — Le Pilote de Tonga (58).

Très-belle épreuve du 2ᵉ état.

214 — Voyage de la corvette *le Rhin*. Nouvelle-Zélande. Grenadiers indigènes, et habitations à Akaroa, 1845 (61).

Très-rare épreuve avant toutes lettres et avant les travaux dans le ciel. Sur chine.

215 — La même pièce.

Très-belle épreuve du même état que la précédente.

216 — La même pièce.

Très-belle épreuve du même état. Les travaux dans le ciel sont indiqués au crayon par Meryon. Sur chine.

217 — Nouvelle-Calédonie. Grande case indigène sur le chemin de Poëpo (62).

Très-rare épreuve d'essai; le terrain et la partie droite sont presque blancs.

218 — La même pièce.

Superbe épreuve avant toutes lettres, avant les travaux dans le ciel et avant le trait carré dans le haut. Sur chine.

219 — La même pièce.

Très-belle épreuve avant toutes lettres avec les travaux dans le ciel et le trait carré. Sur chine.

MERYON (Ch.)

220 — Loi lunaire (68).

Pièce rare.

221 — Essai d'une gravure en relief, à l'aide de laquelle on aurait pu contrefaire les billets de banque. Sur l'une de ces pièces sur fond noir, le mot France et un fragment d'ornement de style étrusque (70-71). Deux pièces très-rares.

222 — Projet d'encadrement pour le portrait d'un imprimeur (72).

Epreuve du 1er état, un lynx couché soutient le livre du code et des lois. Deux épreuves sur chine.

223 — La même pièce.

2e état. Le lynx a disparu et le livre est complétement ouvert. Dans cette épreuve le portrait du personnage est au milieu.

224 — La même pièce, sans le portrait, même état ; il ne diffère que dans les couleurs de l'impression.

225 — La même pièce. Les inscriptions des livres complétement changées.

226 — Rébus. Béranger ne fut véritablement fort, car il n'eut jamais la clef des champs.

Très-rare épreuve avant toutes lettres et avant les inscriptions. Sur chine.

227 — La même pièce.

Belle épreuve avec la lettre et les inscriptions.

MERYON (Ch.)

228 — Portrait de Evariste Boulay-Paty (77).
Très-rare épreuve avant les initiales C. M. et l'année. Sur chine.

229 — Viète (François), célèbre mathématicien (78).
Superbe épreuve sur chine.

230 — Portrait de Pierre Nivelle, évêque de Luçon (79).
Très-belle épreuve.

231 — Théodore Agrippa d'Aubigné, d'après une lithographie.
Très-belle épreuve avant toute lettre.

232 — Jean Besly, d'après J. Isaac (81).
Très-belle épreuve sur chine.

233 — René de Budrigale, Sr de Laudonnière-Sablais, d'après Crispin de Pas.
Très-belle épreuve avant la lettre, sur chine.

MILLET (J.-F.)

234 — Les Bêcheurs, pièce gravée à l'eau-forte, ainsi que les suivantes.
Superbe épreuve du 1er état, avant le ciel.

235 — Les Glaneuses.
Superbe épreuve.

236 — La Cardeuse.
Superbe épreuve.

MILLET

237 — Jeune mère donnant à manger à son enfant.

Superbe épreuve.

238 — La Couseuse.

Superbe épreuve.

239 — Paysan roulant une brouette de fumier dans une étable.

Superbe épreuve.

240 — La Batteuse de beurre.

Superbe épreuve.

241 — Paysan et Paysanne s'en allant aux champs.

Cette pièce est très-rare, n'ayant été tirée qu'à quarante exemplaires. La nôtre porte le n° 14, avec une dédicace de l'auteur à M. J. Niel.

Superbe épreuve du premier état avant toutes lettres.

MOREAU LE JEUNE (d'après)

242 — Exemple d'humanité donné par Mme la Dauphine, le 16 octobre 1773.

Très-jolie pièce gravée par Godefroy.
Superbe épreuve.

MORIN (J.)

243 — Vitré (Antoine), célèbre imprimeur, d'après Champaigne (R. D. 88).

Superbe épreuve.

MULLER (J.-G.)

244 — Portrait de Mme Le Brun, d'après elle-même.
Très-belle épreuve avant toutes lettres.

NANTEUIL (R.)

245 — Loret (Jean), poëte célèbre (R. D. 150).

Superbe épreuve du 2e état, avant la virgule après le mot Loret.

NATTIER (d'après J.-M.)

246 — Madame Marie-Henriette de France. (Le feu). Gravé par Tardieu.

Très-belle épreuve avant toutes lettres.

OSTADE (A. VAN)

247 — Le Violon et le petit Vielleur (B. 45).

Très-belle épreuve du 3e état.

248 — La fête sous le grand arbre (B. 48).

Très-belle épreuve.

PARVILLÉE (A Paris, chez)

249 — Le cabaret de Ramponneau, avec son portrait au bas dans un médaillon rond. — Le Triomphe de Ramponneau, avec le portrait de Mme Ramponneau au bas dans un médaillon rond. — Phénomène de la basse courtille : pièce très-curieuse sur les mêmes personnages, publiée chez Basset. — Chanson nouvelle sur le dicton du Ramponneau. Quatre pièces. Très-rares.

Très-belles épreuves.

REMBRANDT (P. VAN RYN)

250 — Portrait de Rembrandt aux trois moustaches (B. 2). Cl. 2. C. B. 206.

Magnifique épreuve avec une petite marge. Très-rare de cette beauté.

REMBRANDT (P. Van Ryn)

251 — Agar renvoyée par Abraham (B. 30). Cl. 37.
C. B. 3.

Magnifique épreuve, collection J. Barnard et W. Esdaile.
Cette pièce est très-rare aussi belle d'épreuve.

252 — Jésus-Christ en croix (B. 80). Cl. 85. C. B. 55.

Superbe épreuve d'une pièce rare. Collections Astley,
Debois et Vanden Zande.

253 — Portrait de Jean Lutma (B. 276). Cl. 273.
C. B. 181.

Magnifique épreuve sur papier du Japon, avec une petite
marge. Très-rare en cet état.

RIGAUD (J.)

254 — Vue de l'hôtel de ville de Marseille et d'une partie
de son port. — Vue du cours de Marseille, dessiné
sur le lieu en 1720. Deux pièces.

ROCHEBRUNE

255 — Monuments antiques de la Vendée. Onze pièces
gravées à l'eau-forte, tirées du livre sur la Vendée,
de M. Benjamin Fillon.

ROCHEBRUNE & LALANNE

256 — La sainte chapelle de Champigny. Très-grande
pièce. — Vue de Paris avant la lettre, avec la signa-
ture de Lalanne. Deux pièces.

ROWLANDSON

257 — Caricatures anglaises diverses. Onze pièces colo-
riées. Rares.

RUBENS (d'après).

258 — La Galerie du palais du Luxembourg, peinte par
Rubens, dessinée par les sieurs Nattier, et gravée par
les plus illustres graveurs du temps. A Paris, chez Du-
change, 1710. 1 vol. in-fol., mar. rouge aux armes de
France, larges dentelles.

Magnifique exemplaire avant les numéros, très-rare dans
une aussi belle condition.

259 — Marche de Silène, par N. de Launay.

Très-belle épreuve.

SAINT-AUBIN (Aug. de)

260 — Le Bal paré, gravé par A.-J. Duclos.

Magnifique et très-rare épreuve avant la lettre et la
bordure.

261 — La Promenade des remparts de Paris. — Tableau
des portraits à la mode. Deux pièces gravées par Cour-
tois.

Très-belles épreuves.

SAINT-AUBIN & GAUCHER

262 — Marc-Réné de Montalembert. — Louis XV. — Ch. de Brosses, etc. Six portraits dont deux avant la lettre.

Très-belles épreuves.

SAINT-AUBIN (G. DE)

263 — Spectacle des Tuileries en deux vues de même grandeur sur la même planche (P. de B. 13-14).

Superbes épreuves. La première vue est du 1er état, avant les mots : retouché à la pointe sèche en 1793. La seconde, d'un 1er état non décrit, avant la date de novembre 1760, au-dessous de la grande roue du tonneau. Très-rares.

264 — Le Charlatan (P. de B. 15).

Superbe épreuve du 1er état. Rare.

265 — Le Salon du Louvre (P. de B. 19).

Superbe et très-rare épreuve du 1er, état avant le mot exacte et avec la date de 1753, qui plus tard a été convertie en celle de 1767.

266 — Conférence de l'ordre des avocats (P. de B. 21).

Superbe épreuve. Rare.

SCHMIDT (G. F.)

— Prévost (Antoine-François), aumônier de S. A. S. Mr le prince de Conti.

Très-belle épreuve.

SCHMIDT (G. F.)

268. — Portrait de la mère de Rembrandt, d'après lui-
même.

Magnifique épreuve.

SCHUPPEN (P. Van)

269 — Louis XIV, roi de France, d'après N. Mignard.

Superbe épreuve.

THOMASSIN (S. H.)

270 — Thierry (Jean), sculpteur ordinaire des rois de
France et d'Espagne, d'après N. Largillière.

Très-belle épreuve.

271 — Truchet (Sébastien), religieux affilié au grand couvent et collége royal de Paris, d'après Elisabeth
Cheron.

Très-belle épreuve.

VISSCHER (J. DE)

272 — Louise de Coligny, princesse d'Orange, in-4.

Très-belle épreuve.

WATTEAU (d'après)

273 — L'Assemblée galante, par J. P. Le Bas.

Magnifique et très-rare épreuve avant toutes lettres.

274 — La Game d'amour, par J. P. Le Bas.

Superbe épreuve avec grandes marges.

WATTEAU (d'après)

275 — Le Concert champêtre, par B. Audran.

Très-belle épreuve avec grandes marges.

276 — La Collation, par Moyreau.

Très-belle épreuve avec marges.

277 — Le Bosquet de Bacchus, par C. N. Cochin.

Superbe épreuve avec marges.

278 — L'Ile enchantée, par J. P. Le Bas.

Très-belle épreuve avec marges.

279 — L'occupation selon l'âge, gravé par Dupuis.

Superbe épreuve avec marge.

WATERLOO (A.)

280 — Petit paysage.

Très-belle épreuve.

WIERIX (H.)

281 — Petrus Canisius, de la Société de Jésus.

Très-belle épreuve.

282 — Orléans (Louis d'), avocat au Parlement de Paris.

Superbe épreuve, avant les changements dans l'inscription.

WIERIX (J.)

283 — Philippe Guillaume, prince d'Orange.

Superbe et rare épreuve d'un 1er état non décrit, avant le nom du personnage, seulement le nom du graveur en bas de l'ovale.

284 — Pilier (Jean), âgé de 30 ans, en 1603. Charmant petit portrait. Rare.

Superbe épreuve.

ZIARNKO

285 — Le Lict funeral de la royne Marguerite, derniere de la très-chrestiene et très-illustre maison de Valois, décédée en son hostel au faux-bourg Saint-Germain-les-Paris, le 27e jour de mars 1615. Estampe très-curieuse et de la plus grande rareté.

Superbe épreuve.

SUPPLÉMENT

COTTAFAVI

286 — Vues de Rome. 1 vol. in-fol. oblong., contenant 51 pièces.

DESPLACES (L.)

287 — Portrait de Mlle Duclos, de la Comédie-Française, d'après Largillière.

Très-belle épreuve.

DIVERS

288 — Le Bourgmestre, d'après Ostade. — Les Musiciens ambulants, par Visscher. — L'Imprimeur, par Bosse, etc. Dix pièces.

289 — Portraits anciens et modernes. Vingt-six pièces. Scènes de théâtre. Douze pièces.

DREVET (P.)

290 — Adrienne Le Couvreur, dans le rôle de Cornélie, d'après Coypel.

Très-belle épreuve.

ELLUIN

291 — Le Kaïn, d'après Berteaux. — Jean-Louis La
Ruette, d'après le Clerc. Deux pièces.

Très-belles épreuves.

FRAGONARD (d'après.)

292 — Le verre d'eau, par Ponce. — L'Homme condamné
au travail, d'après Féti. — Les Confidentes, par Beau-
varlet. Trois pièces.

La dernière est avant la lettre.

HOGENBERG (F.)

293 — Portrait d'Erasme. In-fol.

Belle épreuve.

LABELLE (E. DE)

294 — Paysages et vues. Huit pièces.

Très-belles épreuves.

LÉPICIÉ

295 — Catherine de Seine, épouse du sieur Dufresne,
d'après Aved.

Très-belle épreuve.

MARTIN (J.)

296 — J.-J. Rousseau, d'après Ramsay. Portrait gravé
en manière noire.

Très-belle épreuve avant la lettre.

MOREAU (J. M.), d'après

297 — Couronnement de Voltaire sur le Théâtre-Français, le 30 mars 1778, après la sixième représentation d'Irène, par Gaucher.
   Très-belle épreuve.

PICART (B.)

298 — Le Concert, dans le parc de Versailles. Personnages costumés Louis XIV. Jolie pièce en largeur.
   Très-belle épreuve.

SAINT-AUBIN (G. DE), d'après

299 — La Guinguette, divertissement pantomime du Théâtre-Italien, composé par le sieur de Hesse, gravé par Basan.
   Très-belle épreuve.

300 — Ballet dansé au théâtre de l'Opéra, dans le carnaval du Parnasse. (Acte 1ᵉʳ), par F. Basan.
   Très-belle épreuve.

SAINT-AUBIN (A. DE)

301 — Portrait de Le Kain, d'après S. B. Le Noir.
   Superbe épreuve avant la lettre.

SILVESTRE (ISRAEL)

302 — Les Eglises des Stations de Rome. Dix pièces.
   Très-belles épreuves.

303 — Vues d'Italie. Cinquante pièces.
   Très-belles épreuves.

SUYDERHŒF (J.)

304 — Albert Kiper. — Chris. Liber. — J. de Mey. —
L. et C. de Wael, d'après Van-Dyck, par Hollar. 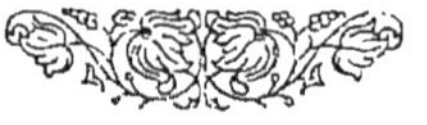
Quatre pièces.

WATTEAU (d'après)

305 — L'Amour au Théâtre-Italien, par C. N. Cochin.
Très-belle épreuve avec marge.

306 — Départ des Comédiens italiens en 1697, par L.
Jacob.
Très-belle épreuve avec marge.

307 — Les Comédiens français. — Les Comédiens italiens.
Deux pièces, petit in-8.
Très-belles épreuves.

www.ingramcontent.com/pod-product-compliance
Ingram Content Group UK Ltd.
Pitfield, Milton Keynes, MK11 3LW, UK
UKHW020045100726
13658UKWH00004B/1565